coleção 'tá sabendo?

Desenvolvimento humano? E eu com isso?

Katia Gonçalves Mori
Silmara Rascalha Casadei

Joubert José Lancha
ilustrações

1ª edição
2012

© 2012 texto Katia Gonçalves Mori
Silmara Rascalha Casadei
ilustrações Joubert José Lancha

© Direitos de publicação
CORTEZ EDITORA
Rua Monte Alegre, 1074 – Perdizes
05014-001 – São Paulo – SP
Tel.: (11) 3864-0111 Fax: (11) 3864-4290
cortez@cortezeditora.com.br
www.cortezeditora.com.br

Direção
José Xavier Cortez

Coordenação da Coleção
Mario Sergio Cortella
Silmara Rascalha Casadei

Editor
Amir Piedade

Preparação
Rocksyvan Paiva

Revisão
Alessandra Biral
Fábio Justino de Souza
Gabriel Maretti

Edição de Arte
Mauricio Rindeika Seolin

Impressão
Editora Parma Ltda.

Dados Internacionais de Catalogação na Publicação (CIP)
(Câmara Brasileira do Livro, SP, Brasil)

Mori, Katia Gonçalves
  Desenvolvimento humano?: E eu com isso? /Katia Gonçalves Mori, Silmara Rascalha Casadei; Joubert José Lancha, ilustrações. – 1. ed. – São Paulo: Cortez, 2012. (Coleção 'tá sabendo?)

  ISBN 978-85-249-1943-5

  1. Desenvolvimento humano – Literatura juvenil I. Casadei, Silmara Rascalha. II. Lancha, Joubert José. III. Título.

12-08336   CDD-028.5

Índices para catálogo sistemático:
1. Desenvolvimento humano: Literatura juvenil   028.5

Impresso no Brasil — agosto de 2012

Introdução

O filósofo e professor Joaquim sempre visitava a antiga escola em que dera aulas. Todos o conheciam e a diretora apreciava suas visitas, pois ele se dispunha a conversar com professores e alunos. Um dia, quando estava no pátio da escola, conheceu o menino João Augusto e conversaram bastante. O filósofo ficou impressionado com a capacidade de fazer perguntas que o menino possuía e dispôs-se a compartilhar com ele os seus conhecimentos. O menino aprendeu muito com o filósofo e o filósofo aprendeu muito com aquele menino cheio de curiosidade e ideias. Por fim, ficaram amigos. O menino pensou em ampliar essa boa amizade e perguntou ao filósofo se poderia trazer novos amigos para que, juntos, inaugurassem um novo espaço em que aprendessem sobre assuntos interessantes. O filósofo adorou a sugestão, pois também gostaria de trazer seus amigos. A animada diretora autorizou a utilização de uma sala de aula em horário predeterminado. Juntos, inauguraram o novo espaço. Desde então, toda quinta-feira às 14h,

Introdução

na Escola Cecília Meireles, diversos alunos se encontram, acompanhados pelo filósofo Joaquim, algum convidado e o menino João Augusto, para aprender e debater assuntos novos, trazendo suas experiências e sugestões. Novos temas, pesquisas, relatos de experiências, debates e sugestões são sempre bem-vindos. Hoje, o local já tem um nome próprio, indicado numa placa afixada na parede: Espaço Paideia – um antigo termo grego.

> **Espaço Paideia**
> *"Nós, do Espaço Paideia, queremos nos formar decentes na cidadania, saudáveis no cuidado, competentes na ciência, amorosos na convivência e criativos na autonomia".*

Com esse lema os alunos participantes dos encontros procuram desenvolver, da melhor forma possível, esses valores em si mesmos.

A Coleção *'tá sabendo?* possibilita o acesso ao Reino das Indagações, onde o diálogo é estabelecido entre professores e especialistas das mais variadas áreas do conhecimento e os alunos da Educação Básica. Nesse espaço, crianças e jovens têm voz! Podem perguntar, esclarecer, aprendendo juntos a abrir portas e janelas do conhecimento, intercambiar valores e culturas com o objetivo de garantir, aos que ali adentram, o direito de pensar, expressar, dialogar e coexistir. O direito a uma nova vida!

Coordenadores da coleção: Mario Sergio Cortella e Silmara Rascalha Casadei

Capítulo I

Um projeto premiado

A chuva atrapalhava um pouco a chegada da turma ao Espaço Paideia. Alguns chegaram molhados, outros vinham com a blusa na cabeça e outros chegavam em grupo por conta da carona que a mãe de Pedrinho oferecera. Foram chegando um a um no horário marcado, mas não reclamavam; estavam sorridentes, companheiros e loucos para contar a novidade ao amigo que se propunha a ouvi-los semanalmente, todas as quintas-feiras às 14h. O filósofo Joaquim chegou em seguida, fechando o guarda-chuva preto e antigo que o acompanhava há mais de uma década.

Percebeu, logo de início, que os meninos estavam muito sorridentes e empaticamente lhes sorriu sem mesmo saber o porquê, mas já igualmente feliz.

O menino João Augusto foi logo falando:

– Joaquim, lembra daquele projeto solidário que fizemos para arrecadar fundos e donativos para a montagem de uma brinquedo-biblioteca no Bairro do Zagui, onde vive uma comunidade que não tem nem brinquedoteca, nem biblioteca?

— Claro que ele lembra – disse Maria Clara. – Você já se esqueceu que foi ele quem nos deu a ideia de não arrecadarmos só brinquedos, mas também livros, DVDs, CDs e jogos educativos para que as crianças também pudessem aprender um pouco mais?

— Ah! É mesmo – falou o menino. – A prefeitura da nossa cidade...

— Agora estou curioso – interrompeu animado o filósofo.

— A prefeitura de nossa cidade irá nos homenagear. Ganharemos uma placa e uma festa na brinquedo-biblioteca. Viram? Nossa ideia foi aceita e teremos até que falar algumas palavras!

— Não sendo eu que tenha que falar, eu vou... – disse Pedrinho.

— A diretora nos disse que já foi visitar, que está tudo funcionando.

— Ela ficou superemocionada quando estava contando que as crianças saem correndo, de vários barracões, quase tropeçando nos seus chinelinhos de dedo, assim que ouvem o barulhinho da corrente da porta da brinquedo-biblioteca se abrindo, só para brincar, para aprender e para ler – contou Juliana.

Joaquim os olhava, enternecido e orgulhoso. Como os meninos e as meninas daquele pequeno grupo haviam amadurecido... Perguntou quando era o dia do evento.

— Amanhã! – falou João Augusto.

— Já? – a turma, que ainda não sabia da data, se assustou.

— Bem, meninos, então, mãos à obra. Vamos ao nosso texto!

Capítulo I

No outro dia...
Lá estavam eles na brinquedo-biblioteca que havia recebido o nome de "Espaço de Convivência dos Amigos do Zagui".
Juliana foi a escolhida para dizer as palavras em nome do grupo.
– Acreditamos que é muito importante cada um dar um pouquinho de si, de seu talento, de sua capacidade e de suas finanças para ajudarmos a desenvolver a população e...
Enquanto Juliana falava sobre o desenvolvimento da população, Joaquim pensou numa querida pessoa para vir ao próximo encontro no Espaço Paideia, alguém que pudesse falar com eles sobre o *desenvolvimento humano*. Afinal, se eles escreveram sobre isso no discurso, é porque acreditavam na importância de desenvolver as pessoas. Mas será que sabiam mesmo sobre o assunto?

Na quinta-feira seguinte, o filósofo trouxe a Rosa, que era especializada em *desenvolvimento humano*. E Joaquim considerou importante trazê-la para dialogar com o grupo.
A turma toda, ainda eufórica pelo evento da semana passada, não cabia em si de contentamento. Quando o filósofo a apresentou e explicou sua intenção em trazê-la para aprofundarem o conhecimento sobre o tema "desenvolvimento humano" que eles citaram no discurso, João Augusto pensou:
– Hum... É isso que eu gosto no meu amigo e filósofo Joaquim: ele presta tanta atenção na gente que uma simples palavra pode se tornar um tema para aprendermos muuiiitooo!

O filósofo assim continuou:

— Foi por isso que pensei em conversarmos um pouco sobre esse importante assunto. Vocês idealizaram a brinquedo-biblioteca, conseguimos ajuda da ONG Amigos da Juventude para montá-la no Bairro do Zagui, a prefeitura nos cedeu um lugar. Mas... num plano mais global, o que podemos fazer para que as pessoas se desenvolvam? Tenham acesso à Educação, tenham empregos, enfim, uma vida digna?

Os meninos ficaram em silêncio. Juliana foi logo dizendo:

— E você acha que com a nossa idade de doze e treze anos podemos fazer alguma coisa?

— É isso que vamos descobrir! Então, quem vai fazer as honras da casa?

Pedrinho então fez as honras do grupo:

— Rosa, com alegria, nós recebemos você em nosso Espaço Paideia. Obrigado por vir nos conhecer e falar sobre...

Pedrinho havia esquecido o tema que conheceriam.

— Desenvolvimento humano! — lembrou Juliana. — E, para falar a verdade, eu não sei muito sobre esse assunto. Só sei participar de todas as campanhas solidárias da nossa escola.

Arthur Henrique, que sonhava em ser prefeito ou líder de algum país, foi logo perguntando:

— Mas afinal o que é *desenvolvimento humano*?

— Nós vamos ter que trabalhar mais? — perguntou Francisco, que já tinha trabalhado muito na campanha, estava indisposto... E ainda tinha que pensar na humanidade?

Capítulo I

Rosa sorriu. A turma era interessada e muito sincera, o que já é uma qualidade para quem quer pensar nesse assunto. Logo percebeu que teriam muito para conversar e descobrir, porque quando se fala sobre *desenvolvimento humano,* muito se aprende também. Sim, ela gostaria de viajar com eles rumo ao Reino das Indagações, como seu amigo Joaquim tinha lhe dito. E o Espaço Paideia, constituído na Escola Cecília Meireles, era o meio de transporte ideal para esse reino.

— Pessoal, já gostei de vocês e acho que esse assunto vai nos levar a lugares muito interessantes — respondeu Rosa. — Não sei, Francisco, se nós vamos ter que trabalhar muito mais ou se vamos só nos posicionar melhor. Mas isso descobriremos juntos, *o.k.*?

Maria Clara, a menina mais caprichosa do grupo, percebeu que ela era jovem, alegre e parecia de bem com a vida.

Rosa continuou:

— O conceito de *desenvolvimento humano* pode ser observado pelo próprio desenvolvimento biológico, de como um corpo cresce e vai se constituindo, partindo de suas características individuais e de sua relação com o meio em que vive. Mas também podemos vê-lo sob outro olhar.

Ela foi até a lousa e escreveu o nome "Amartya Sen". E prosseguiu:

— Este é o autor do livro *Desenvolvimento como liberdade*, publicado em 2000, provocando a humanidade a pensar em desenvolvimento não apenas ligado à ideia de "desenvolvimento econômico". Ele trouxe para a nossa compreensão que existem outras

Amartya Sen (1933-)
É um economista indiano. Desenvolveu temas relacionados ao Desenvolvimento Humano. Em parceria com Mahbub ul Haq, desenvolveu em 1990 o IDH, utilizado a partir de 1993 pelo PNUD.

variáveis em jogo, que desenvolvimento também pode ser visto como um processo de expansão de liberdades que as pessoas desfrutam ao longo da vida.

João Augusto foi logo anotando o nome do autor, para incluir na pasta de biografias que colecionava após suas pesquisas.

– Como assim "desenvolvimento econômico"? – perguntou Beatriz, que morava apenas com a mãe, uma artesã que vivia se queixando das economias, as quais nunca davam para os gastos.

– Muito boa a sua pergunta – aplaudiu Rosa. – Será que está certo dizer "desenvolvimento econômico"? Primeiro vamos fazer uma ressalva: é preciso lembrar que geralmente termos como "desenvolvimento", "evolução", "crescimento"... aparecem associados a uma ideia de melhoria. Temos que tomar cuidado, uma doença também evolui, uma cárie se desenvolve, uma dívida cresce. Aqui, nesse caso, a expressão já é tão utilizada numa perspectiva positiva que nem pensamos na outra possibilidade. Ressalva feita, reparem na ideia... Não seria melhor dizer "crescimento econômico"?

– ... e o que é "crescimento econômico"?! – interrompeu Beatriz, irritada.

– Quando se fala em crescimento econômico – retomou Rosa – o que se está considerando é o acúmulo de riquezas (dinheiro) de todos os bens e serviços que as pessoas de um lugar produzem durante um determinado tempo. Esse índice tem um nome bem conhecido, tenho certeza que vocês já ouviram falar no noticiário.

Rosa dirigiu-se até a lousa e escreveu a sigla "PIB". E explicou:

– Significa "Produto Interno Bruto". Então, esse número é simples de ser calculado, é matemática pura! O produto é a soma, em dinheiro, de todos os bens e serviço finais de uma determinada região. Pode aumentar ou diminuir sempre.

– O pior é que quando diminui complica... – refletiu João Augusto. – Sem dinheiro não podemos fazer nada...

– Com isso eu concordo – emendou Juliana. – Minha mãe sem dinheiro não conseguiu nem comprar um livro que eu quero ler, e ainda não chegou à biblioteca para eu tomar emprestado.

– Vocês têm total razão! – concordou Rosa. – E tem mais um detalhe: podemos calcular o PIB *per capita* de uma região. Vejam, esqueçam a questão do tempo, para simplificar. Vamos olhar só para a renda e a população.

– E como se faz essa conta? – quis saber Arthur Henrique.

– Simples, o total da renda é dividido pelo número de pessoas. É como se cada um tivesse exatamente a mesma coisa que o outro... Agora eu pergunto, é assim na vida real? – questionou Rosa. E, em seguida, respondeu: – Claro que não, esse número é só para se ter uma ideia do acúmulo de riquezas de um determinado país, mas não revela como essa divisão de bens acontece. É por isso que tem países (como o Brasil, inclusive) que têm um PIB suuuperalto e mesmo assim ainda estão longe de oferecer uma boa qualidade de vida para todos.

– Como assim? – continuou perguntando Arthur.

– Por exemplo, oferecer serviços básicos de boa qualidade, como: um bom atendimento médico, boas escolas, água tratada, esgoto, energia elétrica, oferta de emprego, boas condições, inclusive para um bom lazer, para que as pessoas possam participar das decisões que são tomadas em seu bairro, em sua cidade, essas coisas... – e foi novamente à lousa e escreveu:

Condições econômicas, sociais, psicológicas, biológicas e ambientais

– Mas como a gente pode saber quando um país oferece boas condições ou não? – questionou João Augusto.

– Ótima pergunta! Voltemos ao Reino das Indagações para conhecermos mais um autor que nos auxiliará – disse Rosa.

Joaquim, o filósofo, percebeu que tinha acertado ao trazer sua amiga, ela tinha entrado no clima do Espaço Paideia, onde perguntas, respostas e muita imaginação são bem-vindas.

– O economista paquistanês Mahbub ul Haq, com a colaboração de Amartya Sen, juntou três indicadores para que fosse possível medir o desenvolvimento humano.

– Mabudú o quê? – tentou repetir Pedrinho.

Rosa foi ao quadro e escreveu "Mahbub ul Haq".

– O nome é bem diferente dos que costumamos usar, Pedrinho...

– Invocado! – exclamou o garoto.

Rosa sorriu e continuou:

– Ele e seu amigo, Amartya Sen – ia escrevendo enquanto falava –, juntaram três indicadores:

Renda, educação e esperança de vida ao nascer

Mahbub ul Haq (1934-1998) Foi um influente economista paquistanês, pioneiro na *Teoria do desenvolvimento humano* e criador do *Relatório de Desenvolvimento Humano*. Em parceria com seu amigo Amartya Sen, que conheceu em Cambridge (Inglaterra), desenvolveu, em 1990, o *Índice de Desenvolvimento Humano* (IDH), utilizado a partir de 1993 pelo *Programa das Nações Unidas para o Desenvolvimento* (PNUD).

E continuou:

– Assim, eles criaram o IDH; esse índice foi apresentado em 1990.

– Ide... o quê? – perguntou novamente Pedrinho.

Rosa sorriu e explicou-se:

– Desculpem, estou muito acostumada a essa sigla e não me expliquei.

IDH = Índice de Desenvolvimento Humano

– E pra que serve esse índice? – Maria Clara registrava tudo em seu caderno.

– Para nos ajudar a avaliar o desenvolvimento de um país, não só pela renda que ele possui, mas também pela escolarização e expectativa de vida de sua população – definiu bem Rosa. – Não está em jogo aqui afirmar que tais indicadores determinam o grau de felicidade de um povo ou que um país que tenha esse índice alto seja o melhor lugar do mundo para se viver. Sempre existem outros fatores que podem ser levados em conta, como, por exemplo, a questão da moradia, do transporte, do meio ambiente... Mas o fato de termos um contraponto ao único índice que até então media o desenvolvimento de um país (que era o índice econômico) nos dá pistas de como as desigualdades sociais podem revelar um baixo índice de desenvolvimento humano.

Índice Econômico X Índice de Desenvolvimento Humano

Juliana, que até então tinha ficado silenciosa, ouvindo tantas questões que lhe interessavam para a causa dos desfavorecidos, perguntou:

— Rosa, como isso é calculado?

— Ora — intrometeu-se Maria Clara —, é muito fácil! Primeiro, organizamos os dados numa planilha de Excel no computador; depois podemos montar um gráfico e...

— Ah, é? — provocou Juliana. — Já que você é a organização em pessoa, me responda: como você receberá os dados dos países para saber se eles têm desenvolvimento econômico ou não?

— Bem... Não sei! — desesperou-se Maria Clara.

— Desde a criação do índice — iluminou Rosa — os países membros da Organização das Nações Unidas (ONU) são classificados, e tudo isso é publicado num relatório anual, organizado pelo Programa das Nações Unidas para o Desenvolvimento (PNUD).

— E como tudo isso é organizado? — foi logo perguntando Maria Clara.

— No critério "educação" considera-se a taxa de alfabetização e a taxa de matrícula; no critério "longevidade" considera-se a expectativa de vida ao nascer; e no critério "renda" considera-se o PIB (produto interno bruto *per capita*), lembram-se? O PIB é o total dividido pelo número de habitantes do país, medido em dólares. Cada indicador varia entre zero (ponto mínimo atingido por uma sociedade) e 1 (o máximo) e cada uma das dimensões tem o mesmo peso, pois uma não se sobrepõe à outra na configuração do índice. O índice, que é a soma de todas e a divisão por 3, será também um número entre zero e 1.

Voltando à lousa, Rosa mostrou como os países são classificados na tabela:

Baixo desenvolvimento: os países que atingem menos de 0,499 ponto

Médio desenvolvimento: os que possuem notas de 0,500 até 0,799

Alto desenvolvimento: os países que atingem pontuação igual ou superior a 0,800

Nesse momento, falou alguém que estava calado há um bom tempo:

— Queria que vocês refletissem, em nosso Reino das Indagações – pediu Joaquim –, que escolarização, expectativa de vida e renda pessoal não representam, como já nos disse Rosa, todas as possibilidades para entendermos a totalidade sobre desenvolvimento humano. O índice considera alguns indicadores específicos e bem delimitados.

— O importante é que já são consideradas pelo menos algumas das questões fundamentais para a qualidade de vida, que complementam a análise feita somente pelo viés da economia – ponderou Rosa. – Entenderam?

— Você pode nos dar um exemplo? – pediu Cecília.

— Sim, vamos voltar a falar do próprio Brasil. Quando o analisamos pela visão apenas do crescimento econômico, descobrimos que somos a sétima economia mais forte do planeta. Entretanto, quando

17

analisamos o relatório do Índice de Desenvolvimento Humano, descobrimos que estamos na septuagésima terceira posição.

Rosa voltou à lousa e escreveu:

73ª colocação – entre 169 países – em Índice de Desenvolvimento Humano

"A desigualdade de rendas pode diferir de desigualdade em diversos outros 'espaços' como bem-estar, liberdade e diferentes aspectos da qualidade de vida, como saúde e longevidade." (Amartya Sen)

– Ficamos atrás de dezenas de países, como o Chile, o Uruguai, o Peru, o Irã, o Azerbaijão, a Ucrânia...

João Augusto aproveitou para anotar. Ele ficara impressionado quando o filósofo havia lhe dito sobre documentos encontrados depois de 2500 anos. Sempre imaginava alguém, depois de muiiiitoo tempo, encontrando suas anotações e escritos e por isso deixava suas descobertas bem registradas no caderno.

Assim anotou:

Brasil – 2011: 7ª economia do mundo e
73ª posição no
Índice de Desenvolvimento Humano

"Como estaria o Brasil daqui a 2500 anos, hein?", pensava João Augusto.

O menino não percebia, mas o filósofo o observava de longe. Via que ele crescia e que suas reflexões eram profundas e especiais. O filósofo agradecia ao seu próprio destino por ter encontrado o menino, por ajudá-lo no seu caminho e por ser ajudado por ele.

O menino, por sua vez, queria que o filósofo durasse muitos e muitos anos, para que essa amizade não acabasse *nunca*!

Capítulo II

Uma sociedade que trabalha pela coletividade

Quando Rosa voltou, na semana seguinte, a turma já estava em semicírculo reunida. Então ela tirou seu pequeno computador da bolsa e disse-lhes que apresentaria alguns *slides*.

Maria Clara adorou a organização de Rosa e já imaginava ser como ela no futuro.

– Uma sociedade que está trabalhando pelo desenvolvimento humano cria condições para que suas crianças e jovens, assim como vocês, tenham o direito de se desenvolver plenamente, sejam pessoas capazes de enfrentar os próprios desafios e tenham uma vida digna.

– E o que é uma vida digna? – perguntou Pedrinho.

– Aprendi com o nosso mestre, Joaquim, em uma de nossas conversas, que *vida digna* significa 'vida boa'... O que é uma *vida boa* para vocês? Por favor, Joaquim, não responda! – pediu sorridente Rosa.

Todos riram e Beatriz foi logo respondendo:

– Ah! É ter uma casa legal para morar, coisas gostosas para comer, estudar numa escola bem legal, me

dar bem com as minhas amigas e amigos também e... – Bia parou timidamente.

– Fale, Beatriz – interveio o filósofo. – Aqui no Espaço Paideia, quando entramos no Reino das Indagações, não somos impedidos de questionar, de falar...

Beatriz então abriu seu coração:

– Ter uma vida boa é ter condição de trabalhar. Minha mãe não tem conseguido juntar dinheiro nem para ir ao mercado e já tem mais de um mês... Eu fico muito triste, às vezes vou dormir com vontade de tomar um leite quentinho e comer uma bolacha, mas nem falo nada. Vocês nunca viram que tenho saído por último dos nossos encontros? Sabem por quê? Para levar o lanche que sobra para casa. Já trazer então alguma coisa para ajudar vocês... Ah! Faz tempo que não trago...

A turma ficou muda! Estavam fazendo campanhas para a turma do Jardim Zagui e nem perceberam que alguém tão perto deles precisava de ajuda. Juliana ficou com os olhos marejados. Logo ela, que estava em todas as campanhas solidárias da escola e do bairro, não percebera que a Bia, uma amiga querida, estava precisando de ajuda.

Também Joaquim se entristeceu. Aquela turma lhe era especial e queria sinceramente ajudá-los quanto ao conhecimento, porém não imaginava que algo assim acontecesse entre eles.

Imediatamente Pedrinho tirou uma folha do caderno e passou uma lista secreta para a turma sem Beatriz perceber. Nela, cada um colocava o que poderia trazer no dia seguinte. Não esperariam a próxima semana para o encontro no Espaço Paideia.

Capítulo II

Arthur Henrique, que estava perto da mesa de lanches, que eles traziam toda semana para compartilharem ao término do encontro, convidou:

– Pessoal, que tal fazermos um intervalinho? – e piscou para o filósofo.

O filósofo concordou imediatamente e a turma, percebendo a delicadeza indireta de Arthur, também concordou.

Sim, Beatriz estava realmente com fome e foi a primeira a pegar um lanche e a tomar suco com satisfação.

O filósofo chegou perto dela e a abraçou:

– Bia, nós vamos te ajudar, fique tranquila – disse-lhe.

Ela, depois de se alimentar e dividir seu problema, sentiu-se bem mais confortada e aliviada pelos olhares do grupo e as palavras do filósofo. Como lhe fazia falta um pai, pensava a menina.

Rosa lembrou-se de algo, mas evitou acalentar-lhe a esperança; apenas perguntou o que a mãe de Beatriz fazia. Bia lhe contou que a mãe era artesã e fazia lindos bordados, redes, panos de prato, camisetas e bijuterias.

O fato de Rosa trabalhar com grupos de desenvolvimento humano fez com que conhecesse muitas comunidades, muitos projetos sociais, muitas cooperativas locais que ajudavam pessoas como a mãe de Beatriz a se organizar, participar de cursos e a ter melhores espaços, recursos e condições de renda. Resolveu contar na próxima semana, quando traria, talvez, uma ótima notícia para a mãe de Beatriz.

Pensando assim, continuou:

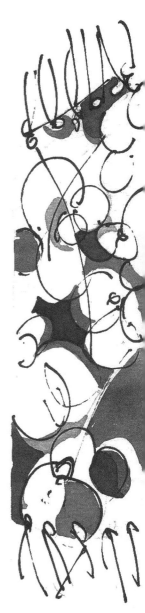

Desenvolvimento humano? E eu com isso?

– A Beatriz é uma brasileirinha que, como todos nós, aliás, precisa de boas oportunidades, de bons serviços públicos, comer bem, ter uma casa, a mãe dela precisa trabalhar... Num país como o nosso, não é tarefa das mais fáceis. Já pensaram sobre isso? – indagou Rosa.

– Sim, nós pensamos – respondeu Arthur –, e foi por isso que resolvemos começar a fazer alguma coisa como a nossa campanha para a brinquedo-biblioteca.

– Isso mesmo, vocês pensaram certo, porque essa situação não vai mudar sozinha, não mesmo... Sempre é possível melhorar. E se acharmos que alguém, um dia, vai fazer alguma coisa, é melhor ir conversar antes com essa pessoa. Já pensou se ela também estiver achando que alguém irá fazer alguma coisa algum dia?

Todos se entreolharam, com vontade de rir.

– Percebem? É por isso que é tão importante fazer a nossa parte – provocou Rosa, já muito à vontade. – Porque se eu sei o que é para ser feito e não faço, contribuo para que as coisas fiquem exatamente como estão. É justamente o que não queremos, não é mesmo?

– Mas isso vai resolver o problema do Brasil? – perguntou Pedrinho, já achando que teria que fazer campanhas para o Brasil inteiro.

– A capacidade de pensar, de tentar entender e tomar uma decisão é o que faz com que a humanidade se desenvolva.

Rosa novamente procurou uma de suas anotações e demonstrou:

– Já pensaram o que seria de nós hoje se alguém lá atrás não tivesse se perguntado, por exemplo, por que tanta gente morria de febre, provavelmente provocada por alguma infecção que ninguém sabia o que era?

Já imaginaram se os humanos que viveram numa época antes da nossa não tivessem tentado mudar aquela situação? Provavelmente nem estaríamos aqui, e não teríamos descoberto nem a penicilina ainda, um antibiótico natural descoberto pelo médico Alexander Fleming, em 1928, que salvou milhares de vidas.

João Augusto estava doidinho anotando tudo para colocar em sua pasta de biografias.

– Mas não precisamos apenas de grandes nomes para que haja atuação em desenvolvimento humano – completou Joaquim.

– Sim – concordou Rosa –, e tem tanta gente boa preocupada com o desenvolvimento das pessoas... Eu conheço um rapaz lindo, que adorava jogar futebol e queria fazer Medicina. Até aqui tudo bem. Porém, um dia, ele sofreu um assalto e, mesmo não reagindo, tomou um tiro e ficou tetraplégico. Vocês sabem o que é tetraplegia? É um tipo de paralisia que impede que a pessoa mova seus braços, suas pernas, seu tronco... Ela paralisa o corpo do pescoço para baixo.

– Nossa! – espantou-se Cecília.

– Pois então, quando a vida lhe convidou a viver de outra forma, ele, aos poucos, foi se adaptando... Com sorte, conheceu um artista muito especial e aprendeu a pintar com a boca, e viu ali uma atividade bacana para desenvolver. Mais do que isso, viu uma possibilidade de trabalho. Suas telas logo ficaram famosas e graças ao seu esforço e talento, somados ao apoio de seus familiares e amigos, ele conseguiu vender os quadros que produzia. E agora chego na melhor parte dessa história: quando se viu vendendo suas obras, ele pensou que, se tinha conseguido, outras pessoas em situação de exclusão também poderiam

Alexander Fleming (1881-1955) Médico escocês formado pela Universidade de Londres (Inglaterra), descobridor da proteína antimicrobiana chamada lisozima e do antibiótico penicilina. Salvou inúmeras vidas com sua descoberta, após ficar impressionado com a mortalidade por infecções durante a Primeira Guerra Mundial.

conseguir. E resolveu juntar o dinheiro arrecadado com a venda de suas obras para ensinar as pessoas, por meio da arte, a terem uma atividade, uma maneira de se comunicar, de se inserir socialmente e de ganhar seu próprio sustento também.

E dizendo isso, Rosa ia mostrando imagens nos *slides* das pinturas dos artistas que frequentam os cursos.

– O instituto fundado por ele já existe há quinze anos, fez um monte de parcerias e atende não só a deficientes, mas pessoas que não têm recursos próprios para pagar escolas de arte. Mais do que isso, eles têm um projeto para formar professores a trabalhar com alunos com deficiências em escolas de várias cidades do Brasil.

A turma se entreolhava, encantada com a história.

– E não para por aí – continuou a contadora de histórias. – Eles estão lançando um portal em parceria com uma das melhores universidades do mundo, a de Harvard, nos Estados Unidos, para divulgar as melhores práticas na área de inclusão de deficientes nas escolas. Não é demais? Agora, isso tudo só ocorreu porque esse rapaz não aprendeu a vencer apenas o desafio dele, que já não é pequeno, ele também teve a sensibilidade e a coragem de pensar nos outros, em como poderia contribuir para que outras pessoas pudessem ter a chance de se desenvolver. Isso é desenvolvimento. Isso é desenvolvimento humano. Isso é desenvolvimento humano na prática.

– Caramba... E qual é o nome dele? Como se chama esse instituto? – perguntou João Augusto, supercurioso.

– Rodrigo Mendes, o instituto leva o seu nome.

Juliana, emocionada, também se lembrou de uma querida amiga de sua mãe:

– Minha mãe tem uma amiga que sofreu um acidente de carro – começou a menina. – Ela era professora e diretora de escola e não pôde mais andar. Continuou como educadora escrevendo livros didáticos para a prefeitura de nossa cidade. Ela é um exemplo pra gente, pois, de um outro jeito, segue trabalhando, escrevendo livros educacionais para o mundo.

– E a dona Zilda Arns, que faleceu em 2010 em pleno trabalho, no terremoto que matou milhares de pessoas no Haiti? – perguntou Rosa. – Ela foi uma médica maravilhosa, um exemplo de dedicação ao desenvolvimento humano. Ela assumiu a parte que lhe cabia na luta contra a fome, a desnutrição e a mortalidade infantil. A receita era simples: água limpa, uma colher de açúcar, uma colher pequena de sal. O chamado "soro caseiro" é uma receita usada até hoje e combate a diarreia, o vômito e a desnutrição. Ela acreditava que a prevenção é o melhor remédio e que a educação é a sua mais forte aliada. Assim mobilizou milhares de voluntários do Brasil afora para lutarem com ela na sua jornada. Dona Zilda participou de importantes campanhas, como a da vacinação contra a epidemia de poliomielite (paralisia infantil) e a do aleitamento materno.

– Eu li outro dia no jornal sobre o Nelson Mandela. Ele foi condenado à prisão perpétua na década de 1960 por lutar contra o *apartheid*, que foi aquele regime racista na África do Sul – comentou João Augusto.

– Como todo mundo começou a pressionar para ele ser solto, ele saiu depois de ter cumprido 26 anos

Zilda Arns Neumann
(1934-2010) Foi uma médica pediatra e sanitarista brasileira. Foi também fundadora e coordenadora internacional da Pastoral da Criança e da Pastoral da Pessoa Idosa, organismos de ação social da CNBB.

Nelson Mandela
(1918-) Nascido na África do Sul. Formou-se advogado e ingressou na vida política, lutou contra o *apartheid*. Passou 26 anos preso, solto em 1990. Em 1994, tornou-se presidente. Em 1993, juntamente com Frederik de Klerk, o então presidente da África do Sul, recebeu o Prêmio Nobel da Paz por sua longa luta contra o racismo.

de prisão. Em liberdade, recebeu o Prêmio Nobel da Paz em 1993 por sua luta contra a segregação racial e foi eleito em 1994 presidente desse país! – continuou Rosa.

– Ah é, assisti a um filme bem legal outro dia com a minha mãe sobre ele – lembrou Arthur Henrique. – *Invictus*, acho que é o nome...

O filósofo interveio com mais uma de suas belas reflexões:

– A possibilidade que temos de fazer perguntas é a marca da humanidade, e talvez a nossa melhor qualidade. Refletir sobre alguma coisa, questionar se alguma situação deve continuar ou se deve ser diferente. Propor-se a uma ação pode provocar uma transformação. Infelizmente, muitos, com descaso, apenas perguntam: "Desenvolvimento humano? E eu com isso?"

Rosa, então, completou:

– E outros, certamente se perguntam e logo respondem: "Desenvolvimento humano? Eu tenho tudo a ver com isso!"

– É mesmo... – Maria Clara admirou o belo pensamento.

– Não concordar com as injustiças, com as coisas como estão e perceber-se apto a ajudar na busca por soluções e na concretização de ideias em prol da coletividade... É dessa capacidade que estamos falando – completou o filósofo.

– Mas, quando cuido de mim e de minhas coisas, eu já estou contribuindo com o desenvolvimento humano! – concluiu Maria Clara que, dentre todos eles, tinha a maior dificuldade em partilhar.

– Para haver desenvolvimento humano é claro que eu, enquanto ser humano, preciso cuidar do meu próprio desenvolvimento. Porém, só isso não garante que a humanidade irá se desenvolver... – problematizou Rosa. – Imagina se todo mundo pensar apenas em si mesmo. Então eu cresço, me cuido, não mato, não roubo, procuro um emprego para pagar as minhas contas, namoro, me caso, cuido dos meus filhos, curto a praia e os meus amigos... Isso está com cara de vida boa, mas será que é sinônimo de desenvolvimento humano?

– Já é um bom caminho! – afirmou Maria Clara.

– Sim, é um início de caminho – retrucou novamente Rosa –, mas se cada um estiver pensando somente em si mesmo e não estiver nem um pouco interessado em poluir menos, em não destruir o meio ambiente, em desenvolver tecnologias mais eficientes, em descobrir a cura para novas e antigas doenças, em votar em políticos que valham a pena, em acompanhar como está sendo investido o dinheiro público, pode ser que não esteja contribuindo para o desenvolvimento da sociedade de uma forma geral. Será que apenas a atitude individualista dá conta de colocar a humanidade no caminho do desenvolvimento que queremos?

A turma ficou quieta. O exemplo da amiga Beatriz, bem ao lado deles, já dizia que só pensar em si não resolvia uma questão básica do desenvolvimento humano: a fome, em todos os seus aspectos.

E Rosa continuou, mostrando mais um *slide*.

A imagem mostrava que em 1993 foi redigido o Relatório da Comissão Mundial para a Educação do

Desenvolvimento humano? E eu com isso?

Jacques Delors (1925-) É um político e economista francês, radicado em Sorbonne e atuante em toda a Europa. De origem social humilde, chegou à presidência da Comissão Europeia, onde esteve de 1985 a 1995. Sua filha, Martine Aubry, foi eleita, em 2008, a primeira secretária do Partido Socialista Francês. Desenvolveu também o relatório para a Unesco da Comissão Internacional sobre Educação para o século XXI: Educação, um Tesouro a descobrir (1996).

Século XXI. Este relatório, coordenado pelo francês Jacques Delors (que na época ocupava o cargo de Presidente da Comissão Europeia), reuniu pessoas que se destacavam por trabalhos relevantes na área da educação em vários países como Senegal, Portugal, México, Jordânia, Eslovênia, Índia, Jamaica, Venezuela, Estados Unidos, Polônia, Coreia do Sul, China e Zimbábue.

O relatório de estudos defendeu a premissa de que é papel da educação:

"Dotar a humanidade da capacidade de dominar o seu próprio desenvolvimento", tendo como base a "participação responsável dos indivíduos e das comunidades".

Cecília, ao ouvir tudo aquilo, foi desenhando em seu caderno várias comunidades de mãos dadas que pareciam elos entrelaçados uns aos outros num grande trabalho.

E assim terminou aquele encontro:

– Quanto maior for a capacidade de uma comunidade em agir coletivamente, com confiança, respeito e responsabilidade, melhor será o trabalho a favor do desenvolvimento humano – fechou Rosa.

Capítulo III

Nossas histórias de vida

A semana para Beatriz tinha sido marcante. Seus amigos inesperadamente surgiram no portão de sua casa, dois dias depois, com muitos mantimentos e objetos de limpeza que tinham arrecadado. Ela os recebeu entre lágrimas e sua mãe não sabia o que fazer para agradecer-lhes. Os meninos João Augusto, Pedrinho, Arthur Henrique e Francisco e as meninas Maria Clara e Juliana foram entrando na casa com pacotes de arroz, feijão, macarrão, molho de tomate, queijo ralado, enlatados, leite, alguns pães, manteiga... Cecília chegou por último com um bolo quentinho que sua mãe havia feito.

Humildemente, Beatriz, muito agradecida, lhes disse que teriam comida por um bom tempo em casa e que, quando pudesse, também faria isso por alguém.

A turma do Espaço Paideia sentiu a amizade que os unia de modo muito intenso e muito forte. Sim, tinham aprendido mais uma grande lição: era preciso olhar para todos com atenção, os que estão distantes de nós e também, às vezes, aqueles que estão tão perto que nem sequer reparamos em sua necessidade de ajuda.

Rosa, que tinha se aproximado do grupo para conversar sobre *desenvolvimento humano*, e o filósofo Joaquim também não ficaram parados. Ela visitou Joaquim e sua esposa, que lhe serviu um saboroso café, para contar-lhes que havia procurado uma cooperativa de artesãos.

– E como a cooperativa funciona? – quis saber Joaquim.

– *Cooperar* significa "trabalhar com". As cooperativas – explicou Rosa – reúnem muitas pessoas que oferecem determinado tipo de trabalho. Entretanto, a diferença é que essas pessoas são, ao mesmo tempo, trabalhadores e patrões, pois são responsáveis pelas operações e pela gestão da cooperativa, distribuindo entre si os resultados das vendas. Por meio delas obtém-se o comércio solidário.

– E como isso acontece?

– O produtor vende diretamente seu produto ao comprador em espaços organizados, como feirinhas ou eventos, e com isso obtém um pouco mais de renda. Muitas delas contribuem para o desenvolvimento de uma economia sustentável, reciclando e reaproveitando materiais para não esgotar os recursos naturais. Os cooperados se reúnem também para estudar juntos, trocar experiências. Realizam cursos de aperfeiçoamento e discutem possibilidades para o trabalho. Abrir uma cooperativa tem lá suas complicações e dificuldades, mas fazer parte de uma que já está funcionando pode ser uma boa pedida.

– E com qual cooperativa você entrou em contato? – quis saber Joaquim.

– Entrei em contato com a Cooperativa das Artesãs da Natureza, pois tem a ver com o trabalho da mãe da Beatriz, que confecciona peças maravilhosas a partir de retalhos e lindas bijuterias com materiais reaproveitados.

Juntos, Joaquim e Rosa foram, quatro dias depois, à casa de Beatriz convidar sua mãe para se integrar a essa cooperativa.

A mãe de Beatriz foi até o local e voltou muito entusiasmada. Após realizar os procedimentos legais, já participaria nos próximos quinze dias de uma feira que ocorreria numa grande festa comunitária da cidade vizinha.

Quando o grupo se reuniu novamente na semana seguinte, Rosa percebeu que Beatriz parecia outra menina, mais corada, mais alegre e em seus olhos via-se o brilho da esperança de uma nova vida para ela e sua mãe. Com alegria contou a todos o ocorrido.

Joaquim tomou a palavra primeiramente:

— Eu mais uma vez estou impressionado com vocês, com a capacidade de se organizarem e de resolverem situações. Um bom time é aquele que, mesmo ao começar perdendo, vai se arrumando no percurso do jogo e termina ganhando. Acho que é isso que precisamos entender em "desenvolvimento humano". Mesmo que os homens passem por dificuldades, sejam elas quais forem, devemos ter em nossas mentes e em nossos corações que podemos nos "arrumar" no percurso da vida em sociedade para criarmos mais possibilidades.

Rosa achou oportuno esticar o assunto:

— Vocês sabem, não tem nada mais verdadeiro do que aquele dito popular que diz:

Capítulo III

"Somos mais fortes quando nos unimos!"

E prosseguiu:

– Vamos olhar para a situação da mãe da Beatriz. Ser talentosa, caprichosa e habilidosa nem sempre garante que o retorno desse trabalho será satisfatório. Muitas vezes, as pessoas começam a fazer as coisas sozinhas porque não tiveram oportunidades ou porque compreendem que podem seguir sozinhas, mas o fato é que pode ser bem mais fácil conhecer um pouco melhor a região para saber se não existe algum grupo de pessoas da mesma área já no mercado. Existem inúmeras organizações formais e não formais de pessoas trabalhando.

– Como assim? – interessou-se Juliana.

– Tem gente que trabalha cada um na sua casa e depois organiza um bazar para vender, tem gente que entra numa cooperativa como a que conseguimos contato para a mãe da Beatriz. Tem organizações não governamentais, as chamadas ONGs, que também trabalham com geração de renda, inclusive ensinando a fazer bordados, tapetes, bijuterias e depois, como estão organizadas, já têm compradores certos para o que produziram. É muito bacana!

– Você já viu um trabalho desse tipo? – perguntou Arthur Henrique, dizendo depois que quando fosse prefeito, iria apoiar iniciativas como essas.

E Rosa respondeu:

– Por exemplo, lembram que eu falei do Instituto Rodrigo Mendes? Então, lá eles têm uma estrutura adequada para promover a inclusão e geração de renda por meio da arte. Enquanto os artistas produzem nos ateliês, o pessoal do institucional está conquistando

parceiros para financiar uma bela mostra dos trabalhos. A equipe de comunicação faz uma divulgação bem caprichada e a de eventos organiza a exposição, que sempre começa com uma noite de inauguração e depois segue durante um período determinado.

— Nossa, quanto trabalho! — admirou-se Arthur Henrique.

— Além disso — continuou Rosa, retomando a narração desta bela história —, o instituto segue à risca a questão burocrática, o registro das obras, a catalogação, o envio etc. Agora, imagine se esses artistas tivessem que se preocupar em fazer sozinhos todo esse trabalho de regulação, divulgação, promoção? Outro exemplo são as associações comunitárias.

— Como são essas "associações"? — indagou Juliana.

— Geralmente elas são criadas para desenvolver projetos sociais — explicou Rosa. — Muitas delas estão ligadas à formação profissional, geração de renda, primeiro emprego... e geralmente o que produzem é somado e vendido em bazares organizados pela associação. Uma pequena porcentagem do dinheiro fica para que ela possa se manter, mas o restante é dividido entre os participantes. Enfim, quando uma pessoa se une a um instituto, uma organização social, uma cooperativa, além de ter uma oportunidade de aprendizagem, tem também um local para novas amizades, para se sentir parte de um grupo, para ter uma identidade coletiva e se fortalecer para enfrentar o esforço árduo do trabalho digno. Para isso a pessoa interessada precisa conhecer a organização, qual a sua área de atuação e como trabalha para saber se é possível fazer parte ou como ela pode participar.

Beatriz levantou a mão e disse:

– A ajuda de vocês foi muito importante nesse momento, e eu agradeço muito. Sei que é uma ajuda de emergência, momentânea, pois não quero viver de donativos. Minha mãe sempre gostou de trabalhar e faz tudo com zelo e capricho, e agora com a cooperativa está fazendo as coisas mais lindas, conheceu mesmo novas pessoas e já até está mais animada. E eu sempre estarei por perto para lhe ajudar no que for necessário.

Rosa enterneceu-se ao imaginar as duas morando juntinhas. Podia sentir a vontade daquela pequena família de dar certo e a amizade que unia mãe e filha.

Beatriz continuou, abrindo um pequeno saquinho de papel. Dele saíram pequenas pulseiras artesanais que ela e sua mãe fizeram para cada um em sinal de amizade e agradecimento. Todos colocaram as pulseiras imediatamente como se formassem um grande elo de amizade.

Beatriz, alegremente falou:

– Eu só posso dizer que vocês são muito importantes na minha vida e que nunca mais eu vou esquecer disso. Sabe, se um dia eu escrevesse minha biografia, com certeza eu escreveria um capítulo inteiro sobre vocês.

João Augusto logo pensou: "Hum... Eu faço minha pasta de biografias de personalidades importantes... Por que nunca pensei em colocar a biografia dos meus amigos?" E, pensando assim, logo fez mais uma pergunta a Rosa:

– Rosa, a história de vida das pessoas é muito importante?

Desenvolvimento humano? E eu com isso?

– Mas é claro que sim, cada história representa um capítulo no Grande Livro da Vida. Cada história é como um rio: por onde passamos vamos tendo as margens povoadas com as pessoas que vemos em nosso caminho. Precisamos aprender a valorizar nossa própria história de vida. Cada história revela um jeito de se relacionar consigo mesmo, com a sociedade e com o meio ambiente. Revela também como a sociedade interfere na vida das pessoas. Todas as vezes que visitamos nossa história, reencontramos nosso sentido de vida e também podemos compreender como o povo de uma nação se organiza. Lembram-se do que falamos? O acesso à escolarização, às melhores condições de trabalho...

– Que tal então escrevermos a nossa história? – sugeriu João Augusto. – Posso trazer uma grande pasta e cada um coloca a sua biografia. Quando passar muuuuiiiiito tempo, assim, uns dois mil anos, alguém encontrará nossa pasta e...

– Ai, lá vem o João Augusto com essa ideia de registrar as coisas para daqui a dois mil anos... – disse Francisco.

– Olhe, Francisco, sem os registros não saberíamos muita coisa do nosso passado – lembrou-lhe Joaquim.

– Bem, isso é verdade! – concordou o menino.

– Por que vocês não escrevem suas histórias de vida? Coloquem nela também um sonho. Como gostariam de ajudar a humanidade em seu desenvolvimento? – sugeriu Rosa.

– Mas o que eu tenho a ver com isso? – perguntou novamente Francisco.

Rosa então exemplificou:

– Estamos todos com a pulseira que Beatriz e sua mãe fizeram. Vamos fazer um exercício?

Os meninos e meninas que estavam sentados com as carteiras dispostas em semicírculo concordaram.

– Emprestem-me suas pulseiras – pediu Rosa – e venham sentar-se no chão, aqui comigo.

Eles saíram do lugar em que estavam e acomodaram-se no chão com Rosa, entregando-lhe as pulseiras.

Rosa distribuiu cada pulseira ao longo do espaço, porém colocando uma pulseira sobreposta à outra, organizando-as em forma de elos.

– Vejam: aqui estão todos vocês. Suas vidas fazem parte deste elo maior. Agora, Francisco, retire sua pulseira.

Francisco, meio sem graça, retirou-a.

– Percebem o que acontece? Nós quebramos o elo. É fundamental entendermos a importância da vida, o papel de cada um e o necessário esforço para nos mantermos juntos com esse elo bem saudável. Temos nosso projeto pessoal e único, mas, queiramos ou não, fazemos parte de um todo. E escolher cooperar é participar de um projeto coletivo, é não o deixar romper-se.

A turma ficou olhando para as pulseiras e concordou com a proposta de João Augusto e de Rosa: iriam escrever a própria história de vida e nela colocariam um sonho de como contribuir para o desenvolvimento da humanidade. João ficou de trazer uma pasta para colocar todas as biografias dos amigos do Espaço Paideia.

Capítulo IV

Histórias, encontros e escolhas

João Augusto foi para casa pensando: "Puxa, eu colecionava biografias de tantas personalidades importantes, mas nunca havia pensado em escrever minha própria história." Ele começou a rememorar os fatos e era engraçado tentar lembrar-se da memória mais antiga de sua vida. Foi voltando no tempo, voltando... e, de repente, se viu sentado ao lado de um amigo. A casa em que morava tinha uma cerca que dava para a casa do vizinho. Cada um de um lado via o outro e brincava... Quantos anos ele teria? Achou que era uns quatro anos. Que legal, sua primeira memória vinha de um amigo... Lembrou-se também de uma festa de aniversário, quando fez cinco anos e seu pai convidara todos os amigos da sua rua. E quando foi para a escola? Adiantado, entrou com seis anos direto para o primeiro ano já sabendo ler e escrever, pois sua mãe sempre lhe dava livros de histórias, comprados do livreiro que vendia de casa em casa. Um dia, a professora o pôs para fora da sala pois ele não parava de falar. Ela nem quis saber que ele estava perguntando algo para um colega. Nossa... Nesse dia, ele chorou a valer. Lembrou de seus avós. Um avô já havia morrido e sentiu muita saudade dele, mas muita mesmo. Sempre quieto, mas muito amoroso quando ele chegava perto. E lembrou dos bons momentos em casa, à noite. O pai esticado no sofá, a mãe assistindo à novela e depois o leite quente antes de dormir. O filósofo lhe veio à mente e lembrou-se do dia em que se conheceram no pátio da escola, da sua boa amizade, do quanto aprendera com ele, com seu bom jeito e seu conhecimento, e ficou agradecido pelos amigos que tinha. Percebeu que seria muito bom escrever a sua história e já tinha uma ideia de como ajudar a humanidade.

No outro encontro, cada um deles estava com a autobiografia escrita. Maria Clara, durante a semana, sugeriu que todos colocassem uma foto, como acontece nos livros oficiais de biografias de personalidades históricas. Até o filósofo Joaquim trouxera a dele. Rosa também escreveu a sua.

Num primeiro momento, Rosa pediu que cada um escolhesse algo de sua história para contar.

Maria Clara falou de sua querida avó, que sempre lhe bordava o nome e desenhos em suas toalhas, lençóis e guardanapos. Com ela aprendera a ser caprichosa e por isso adoraria fazer uma oficina em que ensinasse as crianças a enfeitar seus cadernos, como ela fazia, para que gostassem de deixar suas coisas de escola bem lindas...

Francisco falou de sua família, mas se entristeceu devido ao fato de o pai exagerar na bebida alcoólica e precisar de tratamento, e por conta dessa situação tinham momentos de muitas brigas em casa. Achou

Capítulo IV

que era por isso também que ele vivia cansado e nem sempre conseguia ter momentos de tranquilidade. Alegrou-se ao falar de sua participação no Espaço Paideia, pois ali sentia-se mais motivado a fazer as coisas e, por ele, convidaria mais crianças para participar do espaço e também para contar com a ajuda de alguém quando fosse necessário.

Cecília disse que fazia parte de uma comunidade religiosa. Estava aprendendo a tocar teclado, cantava no coral de sua igreja e adorava isso. Por ela, ajudaria o mundo com sua bonita voz cantando apenas músicas que despertassem nas pessoas a vontade de fazer o bem.

Arthur Henrique contou que o tio era vereador e biólogo, que vivia lutando para preservar o meio ambiente; e revelou também que ele, Arthur, sonhava ser o prefeito da cidade.

João Augusto fez um depoimento bonito sobre a amizade com o filósofo Joaquim e disse que, graças a esse encontro, todos podiam estar ali, juntos, e que, por ele, o Espaço Paideia se transformaria num grande local.

Beatriz destacou os acontecimentos recentes da última semana, acrescentando que foi muito especial acompanhar a mãe numa grande feira de artesanato, algo que nunca mais esqueceria, e se dispôs a ensinar quem quisesse aprender a fazer bijuterias.

Juliana contou sobre uma viagem que fizera com a família, quando conheceu um hotel muito legal com piscina e tudo o mais; e falou que gostaria de montar grupos para saídas e caminhadas...

Pedrinho foi mais longe na viagem no tempo de sua vida e descobriu que tinha heranças indígenas. Seus avós paternos eram descendentes dos Xavante e

viviam na região do pantanal mato-grossense. Contou ainda que, hoje, eles continuam enfrentando problemas de adaptação, por causa do desflorestamento da região com a chegada da soja e do gado... Como Arthur, Pedrinho também se preocupava muito com o meio ambiente.

Rosa trouxe uma foto dela quando jovem, da idade deles. Ela usava óculos e estava participando de uma exposição da escola, toda alegre ajudando a montar um *stand* com alguns amigos. Ao fundo dava para se ver o violão que sempre tocava nos horários de intervalo.

Joaquim trouxe fotos dos filhos em casa, quando ainda eram pequenos e de quando era professor. Numa delas estava junto dos meninos que hoje participam do Espaço Paideia. Todos adoraram...

Enquanto todos falavam, Rosa ficou encantada com a atitude de compromisso da turma e pensou em como sempre adorou as histórias. Ela anotou algumas particularidades e disse-lhes:

– Tudo o que apresentamos aqui nos ajudará a criarmos bons projetos de desenvolvimento humano. Acho que a partir de agora precisaremos fazer algumas escolhas e... pronto!

– Como assim? – perguntou Maria Clara, sem entender nada.

– Ora, vocês não acharam que eu viria aqui e só falaríamos sobre nosso tema, não é? Vamos começar a colocar a mão na massa e a pôr em prática algumas ações de desenvolvimento humano. Vamos abrir essa roda convidando mais pessoas a partilharem do sonho de vocês. Cada um tem sua marca a ser deixada no mundo, mas é importante saber que muitos dos nossos projetos individuais podem se transformar em projetos coletivos, quando socializamos o que queremos, quando encontramos pessoas que têm os mesmos objetivos, as mesmas intenções e são dispostas a se unir e trabalhar juntas. Vejam.

E foi para a lousa, desenhando alguns círculos. Em cada um colocava nomes dos membros do grupo e falava a respeito de seu arranjo:

— Maria Clara e Beatriz são meninas dedicadas e caprichosas que podem criar algo juntas.

A turma ouvia muda. Em outro círculo:

— Francisco, João Augusto e Joaquim falam da importância desse espaço em suas vidas – disse Rosa, e continuou: – Eu e Cecília gostamos de música. Arthur Henrique e Pedrinho se sensibilizam em relação à causa da natureza. E Juliana adora fazer viagens... Por que não pensam em algo?

A turma foi prestando muita atenção e ao mesmo tempo prestando atenção aos colegas.

— Vocês se lembram do Amartya Sen? – perguntou Rosa. – Para ele o desenvolvimento humano deve ser visto como liberdade.

— Mas o que isso tem a ver com liberdade? – perguntou Francisco, pois não gostava do jeito como o pai usava a liberdade para beber.

— Liberdade no sentido de 'respeitar e valorizar muito a vida que vivemos'. Ele tem uma frase que eu gosto muito: "*para combater os problemas que enfrentamos, temos de considerar a liberdade individual como um comprometimento social*". Liberdade

de não passar fome, de saber ler, escrever e contar, de poder produzir e participar da vida coletiva, de ter uma vida dignamente humana. Eu trouxe algo para vocês que ele escreveu. Imprimi lá em casa e gostaria que guardassem isso para sempre, pois é uma "boa receita de desenvolvimento humano", podemos dizer.

Rosa tirou da bolsa alguns panfletinhos e deu aos meninos e meninas:

> *Desenvolvimento como liberdade –*
> *Amartya Sen:*
> *1. A vida é o mais básico e universal dos valores.*
> *2. Nenhuma vida humana vale mais do que a outra.*
> *3. Toda pessoa nasce com um potencial e tem o direito de desenvolvê-lo.*
> *4. Para desenvolver seu potencial, as pessoas precisam de oportunidades e precisam ser preparadas para fazer escolhas.*
> *5. A ética necessária para pôr em prática o Paradigma do Desenvolvimento Humano é a ética da corresponsabilidade.*

Maria Clara sugeriu que eles plastificassem o impresso e o guardassem como marcador de livros e todos concordaram. Rosa sorriu e Joaquim percebeu que seu sorriso vinha de dentro. Aquele sorriso que nos dá uma alegria interior da qual nunca mais se esquece.

Rosa então destacou uma palavra do item 4 do impresso que entregara aos meninos. Foi à lousa e escreveu:

Escolhas

– Podemos escolher fazer algo a partir do conhecimento das nossas histórias de vida – começou ela. – Afinal, para onde nossas histórias nos levarão? É preciso estarmos atentos ao fato de que pertencemos ao mundo e, como dele fazemos parte, cada dia que passa em nossa história vamos fazendo escolhas e essas escolhas possibilitam encontros com outras pessoas. Portanto, vamos nos reunir com nossos pares e tentar montar um projeto. Nossas histórias vão se entrelaçar com outras... Vamos ver no que vai dar?

O convite estava feito.

A turma ficou muda. Maria Clara nem tinha percebido que poderia fazer uma parceria com a Bia e, para falar a verdade, nenhum deles tinha se visto ou visto algum colega daquele jeito.

E assim, em grupos, foram para casa conversando. Rosa combinou com Cecília que se falariam durante a semana por telefone.

Capítulo V

Colocando a mão na massa

Arthur, Pedrinho e Juliana, durante a semana, lembraram que muito perto da escola existia um parque. Ali se cultivavam mudas de árvores que seriam usadas para o paisagismo da cidade, e como estavam estudando em Ciências essas coisas de partes das plantas e plantio, pediram para a professora ver se eles poderiam visitar o parque. A professora foi, mas não voltou com uma boa notícia: o parque estava fechado para visitação porque não havia monitores para receber os visitantes. Arthur Henrique não se desanimou. Era um bom momento para pôr em prática seus dotes de "prefeito":

– Será que isso não poderia ser resolvido se conseguíssemos pessoas interessadas em serem monitores para a visitação do parque?

– Ora, Arthur, nós mesmos podemos ser os monitores. Eu vi isso no hotel que visitei com meus pais e pelo menos não parecia nada difícil. Podemos nos candidatar como Voluntários do Parque! – sugeriu Juliana.

A professora de Ciências achou a ideia interessante, voltou lá com os alunos e percebeu que a administradora do parque gostou da iniciativa; e que tinham a permissão para formar um time de voluntários. O grupo se animou, mas ainda tinham muitas dúvidas e angústias.

– Será que os demais alunos gostariam da ideia? Será que eles conseguiriam mais voluntários para trabalhar no parque? – perguntavam-se.

Logo nos primeiros dias de divulgação, 29 alunos se candidataram para ser voluntários no contraturno da aula. Eles fizeram o curso de monitoria no próprio parque, junto à professora, que se animou demais com a ideia. Uma tabela de escalonamento foi elaborada de modo que cada um trabalhasse uma vez por semana durante duas, três horas.

O pai de Juliana, bem animado e apoiando a iniciativa da filha, patrocinou as camisetas do:

"Projeto Voluntários do Parque"

A família da Ju pensou que era um bom jeito de a menina começar a viver a sua juventude, principalmente porque a sua turma era muito "do bem".

A administradora reabriu o parque para visitação. Não demorou muito e as escolas municipais souberam do projeto e se interessaram, especialmente pelo fato de que os monitores eram alunos de uma escola municipal. Resultado? A visitação entrou no calendário letivo de todas as escolas municipais de Educação Infantil da cidade!

Nos encontros do Espaço Paideia eles traziam novidades e também seus problemas: lidar com públicos diferentes era o maior desafio. Principalmente com os grupos de crianças da Educação Infantil. Como lidar com tanta curiosidade e energia? Era preciso mais do que um passeio explicativo para saciar os pequenos e exigentes visitantes.

— Alguém aqui teria uma ideia? Algo mais adequado para que eles aproveitem melhor a visita? – perguntou Joaquim.

— Meu tio que é vereador já conseguiu aprovação para a distribuição de um lanche e uma muda de planta para cada criança que visitar o parque – disse Arthur Henrique.

— Isso é mesmo muito bom – considerou Rosa. – Vocês podem e devem pedir aos políticos eleitos da cidade para que contribuam com os projetos para melhorar o atendimento à população. Aliás, será que todos nós sabemos qual é a função de um vereador?

— Para falar a verdade, eu não sei – respondeu Joaquim.

— Nem eu – completou Bia.

— Pois então – continuou Rosa –, por que você não convida o seu tio para vir um dia aqui, ou na escola, contar o que um vereador faz? Assim nós podemos acompanhar melhor o trabalho dele e dos outros vereadores também. Sei que uma das funções é justamente ser o elo entre o prefeito e a comunidade, e ajudar a desenvolver, trazer soluções e melhorias para os projetos sociais e ambientais da comunidade.

— Que bacana, podemos pensar nisso sim – interveio Francisco.

— Bom, mas voltando ao nosso projeto, nós ainda pensamos em trabalhar com os visitantes mirins a questão da higiene, de como é importante fazer uma

boa alimentação e até da reciclagem do lixo! – disse Pedrinho, bem animado.

– Ei... E se aproveitássemos alguns materiais que vão para o lixo e ensinássemos os visitantes a fazer alguns brinquedos ou bijuterias? – disse Beatriz.

– Esperem aí! Como eu sou da dupla eu também posso ensinar com sobras de materiais as crianças e outros visitantes a enfeitarem capas de cadernos, caixas e álbuns de fotografias e até a pintar os vasinhos com as mudas de plantas – disse Maria Clara.

– Nossa, eles levarão para casa algumas lembrancinhas do parque! Será muito legal! – Pedrinho continuava animado.

– E pronto! Ainda teremos nosso lindo ateliê – sonhou Maria Clara.

Joaquim então lhes disse:

– Com o reaproveitamento dos materiais vocês ensinarão os pequenos a mostrar, desde cedo, que nem tudo o que vai para o lixo é lixo. E o bom é que eles terão uma atividade a mais, principalmente nos dias de chuva.

Os meninos estavam virando verdadeiros líderes mirins. Apesar de ser um projeto iniciado por Arthur, Juliana e Pedrinho, todos ajudavam no que podiam. Rosa deu dicas para a coleta de materiais, que foi feita no próprio parque e também na escola dos alunos-monitores, onde eles mesmos organizaram uma campanha de arrecadação, desde o plano de comunicação até os cuidados com a classificação, armazenamento e transporte dos materiais arrecadados, envolvendo toda a escola.

Enquanto isso, Joaquim, João Augusto e Francisco reuniam-se num outro canto da sala para dar prosseguimento ao projeto que tinham em mente. Eles pensaram em envolver o Espaço Paideia e entraram em contato com a diretora da escola para também envolvê-la nesse projeto. A ideia de fazer uma pergunta a ela tinha tudo a ver com o filósofo, com João Augusto e com Francisco. Foi o primeiro passo que deram para o projeto.

– O que poderiam fazer? Como o Espaço Paideia poderia contribuir com a escola?

Ao chegarem à sala da diretora perceberam que algo não estava bem. Ela estava muito abatida e desanimada.

Joaquim, que a conhecia desde quando professor na escola, estranhou sua aparência.

Ela então lhes explicou:

– O Ministério da Educação tem um sistema de avaliação para medir o conhecimento dos alunos em Português e Matemática, e também para saber se eles estão cursando a sua série na idade certa ou se estão parando de estudar.

– E estamos indo bem? – perguntou João Augusto.

– Desde que começou a ser desenvolvido, em 2005, os resultados mostram que, de uma maneira geral, as escolas estão melhorando o seu Ideb (é como é chamado: Índice de Desenvolvimento da Educação Básica), mas que ainda é preciso melhorar. Neste ano estou muito chateada, pois a nossa escola também ficou com uma nota abaixo do que imaginávamos.

– Que tal "perguntarmos" para os alunos, os professores e os pais o que pode ser feito para a escola melhorar? – sugeriu o filósofo Joaquim.

– Nós podemos fazer isso primeiro com os alunos e abrir uma boa discussão para que todos conheçam o tal índice, pensem sobre o assunto, tragam ideias e,

Desenvolvimento humano? E eu com isso?

principalmente, procurem ajudar – sugeriu Francisco, já sabendo que seu pai com todo o problema de alcoolismo não ajudaria em nada...

Joaquim percebeu a angústia do menino, pois sabia de sua situação familiar, e disse:

– Vejam, não são sempre todos de uma comunidade que podem ou querem contribuir. Mas isso não acontece só aqui, acontece em todos os lugares. O grande lance é tentarmos "contagiar" o maior número de pessoas – ponderou o filósofo.

Alzira, a diretora, concordou com Joaquim, e a ideia de "perguntar" era um caminho interessante que envolveria a todos. O primeiro passo que deu foi o de convocar os professores para uma reunião. Ali muitos combinados foram feitos e eles disseram que precisavam de mais encontros entre eles para pensar e propor ações sobre aprendizado, comportamento e até conflitos que havia na própria equipe. A diretora logo concordou e marcaram um encontro semanal.

Nesta reunião os professores também decidiram chamar os alunos representantes para apresentar a eles a situação e, mais, para pedir-lhes que fossem aos colegas da turma "perguntar" o que poderiam fazer juntos para resolver o problema e levantar sugestões. Outra ação combinada foi a de cada professor chamar os pais de cada turma para pedir que se empenhassem na supervisão e motivação dos estudos dos filhos em casa, além de ouvirem suas sugestões.

Joaquim, Francisco e João Augusto ficaram de ouvir os líderes de classe com suas sugestões, e o Espaço Paideia foi o local escolhido para a reunião. Joaquim ficou pasmo ao ouvir uma resposta que se repetia a cada líder:

Capítulo V

"Os alunos disseram que precisariam estudar mais."

– Ora – pensou ele –, é evidente. E como poderiam se comprometer a estudar e realmente estudar?

Então uma aluna pediu a palavra e disse:

– Eu sei Matemática, posso estudar junto com os alunos que precisam.

Outro levantou a mão e disse: "Eu também posso". Uma terceira falou: "Eu entendo de Português". Outro disse: "Eu também!"

E assim João Augusto, Francisco e Joaquim montaram o projeto deles:

"Projeto Monitores do Saber"

Organizaram no Espaço Paideia, com as alunas e alunos que se candidataram a ajudar, momentos dirigidos aos estudos. Alzira, a diretora, colocou a presença de um professor-orientador responsável. Foi um sucesso. Os grupos foram se formando timidamente, mas com as atividades de Português e Matemática foram aumentando as perguntas dos alunos para colegas e professores que tiravam dúvidas.

Rosa e Cecília perceberam que o grupo estava fazendo muitas coisas, mas pouca gente sabia de tudo o que acontecia na escola. Pensaram em como poderiam ajudar e, sem perder de vista o gosto que tinham pela música, resolveram fazer um *blog* para organizar as informações que julgavam mais importantes. Lá colocaram notícias de Educação para professores, divulgaram *links* de *sites* bons para pesquisas escolares, os acontecimentos mais comentados da semana, os principais projetos que a escola estava desenvolvendo, o que acontecia na escola e fora dela.

— Ufa! Estamos trabalhando bastante — falou Cecília.

— Foi a forma que encontramos para realizar nosso projeto — disse Rosa. — Como moro bem longe daqui, essa sua ideia de conversarmos por telefone e depois por *e-mail* para irmos montando nosso *blog* foi ótima. Aprendi com você, Cecília, que quando queremos fazer algo não há distância que justifique.

O trabalho era grande, a escola havia recebido computadores do governo, mas ainda nem os tinha aberto. Buscaram uma escola de informática da região, que os ajudou voluntariamente a montar a sala com os computadores. Para divulgar o *blog*, elas resolveram criar cartazes e espalhar pela escola. Rosa e Cecília conseguiram patrocínio de uma gráfica que imprimiu cartazes bem legais. Pensaram que talvez só dizer "*visite o blog*" fosse pouco para chamar a atenção. Então começaram a pensar em cartazes que pudessem trazer alguma notícia ou serviço e perceberam que o acesso ao *blog* aumentou, mas ainda podia ser melhor.

Joaquim lhes propôs que pedissem sugestões à comunidade. Rosa acatou a ideia, pois assim conheceria um pouco mais das pessoas que integravam a escola. Agendaram uma reunião para saber o que eles esperavam como canal de comunicação da escola. A resposta foi surpreendente. Eles deram ideias que iam bem além de melhorar o acesso ao *blog*, já que muitos não tinham computador em casa. Sugeriram a criação de uma rádio comunitária.

— Mas, para desenvolver essa nova fase, nós precisaremos de mais voluntários, mais parceiros e equipamentos! – Cecília disse de modo aflito.

— Acho que sei como vamos montar o nosso:

"Projeto Comunic-Ação"

Rosa pensou que o primeiro passo seria um pedido de ajuda através do próprio *blog*, canal de comunicação que, afinal de contas, já estava aberto e funcionando. Não demorou muito para que começassem a ter resultados. Um jornalista se interessou pelo projeto, convidou um radialista que topou ser voluntário. Alunos se candidataram às suas primeiras aulas sobre rádio e assim o projeto ganhou força e espaço na comunidade.

Cecília não cabia em si de entusiasmo:

— Graças aos Céus! Nós que gostamos tanto de música, agora vamos ter uma rádio!

Rosa ficou comovida com a fé da menina. Entre elas surgia uma boa amizade. Cecília lhe inspirava a realizar essas atividades e Rosa ensinava Cecília a acreditar que era possível realizar em parceria propostas que ajudassem os outros, mesmo que não fossem da mesma religião, bastando ter respeito e boa vontade.

Com o sucesso vindo do envolvimento e da participação de todos, a rádio e o *blog* começaram a ser o canal de comunicação "referência" daquela comunidade, promovendo os eventos da escola e trazendo notícias. O espaço trouxe força para o desenvolvimento de mais parcerias.

Parte Final

Desenvolvimento humano?
E eu com isso?

Era o último dia dos encontros com Rosa. Seu trabalho envolvia viagens a várias comunidades e divulgação das belas experiências que conhecia. Rosa se identificava muito com o conceito de *desenvolvimento humano* como 'expansão da liberdade' – um sentido amplo que abarca não só a extinção da pobreza, mas a expansão da Educação, o aumento da expectativa de vida, da capacidade das pessoas produzirem e participarem da vida em sociedade.

Chegou já puxando sua mala de rodinhas. Queria poder aproveitar ao máximo o encontro de despedida.

A turma a esperava com Joaquim.

Ela os olhou profundamente e percebeu o quanto estavam mais maduros e serenos.

Ao fundo, viu que os meninos e meninas tinham trazido doces e salgados, tão tradicionais nas festinhas de celebração das turmas na escola. Emocionada, lembrou-se do seu tempo de menina e do quanto se animava em realizar eventos e comemorações com sua turma... Juliana foi logo dizendo:

Desenvolvimento humano? E eu com isso?

– Rosa, nós queremos deixar algumas lembranças em agradecimento ao que você nos ensinou.

– Ora... – começou a falar Rosa, mas não teve tempo.

Arthur Henrique, Juliana e Pedrinho lhe deram de presente um bonito vasinho com uma muda de flor do Projeto Voluntários do Parque. Maria Clara e Beatriz lhe deram um caderno para suas anotações, todo encapado e enfeitado com materiais reutilizados. João Augusto e Francisco trouxeram algumas fotos do Projeto Monitores do Saber.

E Cecília cantou com sua voz muito bonita uma música que falava de amizade e de liberdade, muito conhecida entre os jovens.

Todos bateram muitas palmas, emocionando Rosa.

Cecília trouxera ainda um pequeno gravador e pediu:

– Rosa, você poderia deixar uma mensagem para o nosso *blog* e nossa Rádio Comunic-Ação?

– Mas é claro que sim – disse Rosa. – Vamos lá.

Cecília então apresentou:

– Caros amigos da Escola Cecília Meireles, estamos aqui na rádio Comunic-Ação para ouvir algumas palavras da consultora Rosa, que esteve contribuindo conosco no Espaço Paideia nestes últimos seis meses. Rosa foi parte integrante da elaboração dos projetos que temos em nossa escola, como o Projeto Voluntários do Parque, Projeto Monitores do Saber e o nosso próprio Projeto Comunic-Ação que, semanalmente, traz notícias em nosso *blog* e em nossa rádio.

E finalizou a apresentação:

Parte Final

— Rosa, antes de qualquer coisa, muito obrigada pela sua ajuda e por você partilhar conosco seus saberes sobre *desenvolvimento humano*. Por favor, você poderia nos deixar uma mensagem?

— Claro que sim – respondeu. – Os projetos que você acabou de apresentar, e que espero poder continuar acompanhando por meio de visitas e pelo *blog*, demonstram como cada um pode fazer a sua parte: cobrando o comprometimento dos políticos, criando espaços efetivos de participação social, enfrentando e buscando soluções para questões complicadas como a falta de emprego, a fome, a má qualidade da Educação e incentivando outras questões como a consciência ambiental, a diversidade... Quando existe integração, parceria e olhar atento à vida que leva à ação, essas ações têm melhores resultados. Uma sociedade fortalecida é aquela em que todos se sentem parte dela, cuidam-se e colocam-se, cobrando, participando, agindo, transformando. Mais do que seres humanos, lembrem-se:

"Somos seres humanos em desenvolvimento quando o nosso projeto de vida inclui a vida de cada um."

Rosa continuou:
— Aprendi uma das mais belas lições da minha vida com o filósofo Joaquim: é preciso estar atento ao fato de que pertencemos ao mundo e, como dele fazemos parte, quando deixamos de fazer o que sabemos que é certo, fazemos uma escolha que terá consequências. E quais são elas? Provavelmente o

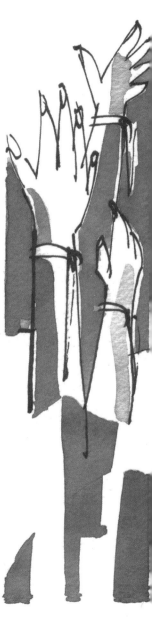

que julgamos errado continuará acontecendo bem debaixo dos nossos olhos. O compromisso pelo desenvolvimento é de todos e de cada um. E então, o que vocês vão fazer agora? Ficarão omissos e perpetuarão as injustiças ou assumirão a parte que lhes cabe de sua contribuição histórica para o bem da humanidade? Você ainda tem dúvidas sobre o que tem a ver com isso?

Mãos à obra!

Para saber mais:

SEN, Amartya. *Desenvolvimento como liberdade*. Tradução de Laura Teixeira Motta. São Paulo: Companhia das Letras, 2010.
www.akatu.org.br
www.brasilpontoaponto.org.br
www.facaparte.org.br
www.institutorodrigomendes.org.br
www.mostreseuvalor.org.br
www.objetivosdomilenio.org.br
www.onu.org.br
www.pastoraldacrianca.org.br
www.pnud.org.br
www.todospelaeducacao.org.br
www.unesco.org.br
www.unicef.org.br
www.unv.org.br
www.voluntariosonline.org.br

Para conhecer outros títulos da editora, acesse: www.cortezeditora.com.br